The Visitor

Some experience from and for visiting an
english speaking lodge in germany

Herstellung und Verlag:
BoD – Books on Demand, Norderstedt
ISBN: 9783750438118

For Thomas

Foreword:

First and foremost, I extend my heartfelt gratitude to the incredible Brethren of the Anglo Hanseatic Lodge Nr.850 for embracing me as their perpetual invited guest, or as I affectionately call it, a cherished member of the lodge's furniture. From the very start and throughout the years, I have been welcomed with open arms and enveloped by the warmth of brotherly love. It is with immense pleasure that I address each and every one of you as not only my Friends but also as my Brothers.

In this guidebook, my aim is to share a unique and light-hearted perspective on visiting Freemasons. While Freemasonry has a rich history and profound principles, it is equally important to appreciate the joyous and humorous aspects of this esteemed tradition. Through my experiences and interactions within the Anglo Hanseatic Lodge and beyond, I have witnessed the power of laughter and the bonds it forges among brethren.

Within these pages, you will find a delightful blend of practical information, amusing anecdotes, and a sprinkle of good-natured jest. I believe that by infusing a touch of humor into the guide, we can create an engaging and enjoyable experience for those curious about Freemasonry or planning a visit to a lodge.

I encourage you to approach this guidebook with an open mind, ready to embrace the lighter side of Freemasonry. Let us embark on a journey filled with smiles, camaraderie, and a shared appreciation for the traditions that unite us as Freemasons.

May the following pages not only serve as a practical guide but also evoke laughter and a sense of kinship. Let us remember that amidst the rituals and customs lies a wonderful tapestry of friendship, personal growth, and the celebration of the human spirit.

With utmost gratitude and a mischievous twinkle in my eye, I extend my warmest regards to my Friends and Brothers of the Anglo Hanseatic Lodge Nr.850 and to all who venture into the world of Freemasonry with a smile.

Yours fraternally,

Vorwort:

Zuallererst möchte ich mich bei all meinen wunderbaren Brüdern der Anglo Hanseatic Lodge Nr. 850 bedanken, die mich als ständigen eingeladenen Gast oder bereits als Teil des Inventars betrachten. Von Anfang an und im Laufe der Jahre wurden mir offene Arme und brüderliche Liebe entgegengebracht, und ich möchte euch gerne als meine Freunde und Brüder ansprechen.

In diesem Leitfaden möchte ich meine einzigartige und humorvolle Perspektive auf den Besuch von Freimaurern teilen. Während die Freimaurerei eine reiche Geschichte und tiefgründige Prinzipien hat, ist es ebenso wichtig, die fröhlichen und humorvollen Aspekte dieser angesehenen Tradition zu schätzen. Durch meine Erfahrungen und Interaktionen in der Anglo Hanseatic Lodge und darüber hinaus habe ich die Kraft des Lachens erlebt und die Bindungen gespürt, die es unter Brüdern schafft.

In den folgenden Seiten findet sich eine wunderbare Mischung aus praktischen Informationen, amüsanten Anekdoten und einer Prise gutmütigem Scherz.

Ich bin fest davon überzeugt, dass wir durch das Einbringen von Humor einen ansprechenden und unterhaltsamen Leitfaden für all diejenigen schaffen können, die neugierig auf die englischsprachige Freimaurerei sind oder den Besuch einer solchen Loge planen.

Ich ermutige Dich, diesem Leitfaden mit Offenheit zu begegnen und bereit zu sein, die humorvolle Seite der Freimaurerei zu genießen. Lassen Sie uns gemeinsam eine Reise antreten, die von Lächeln, Kameradschaft und einer gemeinsamen Wertschätzung für die Traditionen geprägt ist, die uns als Freimaurer vereinen.

Mögen die folgenden Seiten nicht nur als praktischer Ratgeber dienen, sondern auch Gelächter und ein Gefühl der Verbundenheit hervorrufen. Lasst uns daran erinnern, dass hinter den Ritualen und Bräuchen ein wundervoller Teppich aus Freundschaft, persönlichem Wachstum und der Feier des menschlichen Geistes liegt.

Mit größter Dankbarkeit und einem schelmischen Funkeln in meinen Augen sende ich meine herzlichsten Grüße an meine Freunde und Brüder der Anglo Hanseatic Lodge Nr. 850 und an alle, die sich mit einem Lächeln in die Welt der Freimaurerei begeben.

In brüderlicher Verbundenheit,

The English language vs. the German

Understanding the differences between the English and German languages can help foster better communication and appreciation of each other's sense of humor. English tends to prioritize the expression of emotions and relies heavily on context and the topic at hand to convey meaning. This often leads to the clever wordplay, puns, and witty twists that characterize English humor.

On the other hand, German is known for its descriptive nature, focusing on technical facts and conveying precise meanings. German jokes, when translated directly, may appear complex, challenging to follow, and sometimes less laugh-inducing. The humor in German often relies on clever word choices, linguistic nuances, or cultural references that may not readily resonate with non-native speakers.

Recognizing these differences in the languages can help bridge the gap between English and German speakers. It's important to keep in mind that what may be hilarious in one language might not have the same impact when translated. Embracing cultural nuances and adjusting expectations can contribute to a more enjoyable and inclusive communication experience.

So, when engaging with English or German speakers, being mindful of these language characteristics and adjusting our approach to humor can foster better understanding and create connections that transcend linguistic barriers.

Vergleich der Englischen und Deutschen Sprache

Das Verständnis der Unterschiede zwischen der englischen und der deutschen Sprache kann zu einer besseren Kommunikation und Wertschätzung des jeweils eigenen Humors beitragen.

Die englische Sprache legt den Schwerpunkt darauf, Emotionen als Hauptinformation zu vermitteln und ist stark abhängig vom Kontext und dem besprochenen Thema, um Bedeutungen in Beziehung zu setzen. Dies führt oft zu clereren Wortspielen, Wortwitz und humorvollen Wendungen, die den englischen Humor charakterisieren.

Auf der anderen Seite ist die deutsche Sprache bekannt für ihre beschreibende Natur, die sich auf technische Fakten konzentriert und präzise Bedeutungen vermittelt. Deutsche Witze können, wenn sie direkt übersetzt werden, komplex wirken, schwer nachvollziehbar sein und manchmal weniger zum Lachen anregen.

Der Humor im Deutschen basiert oft auf geschickter Wortwahl, sprachlichen Feinheiten oder kulturellen Bezügen, die nicht unmittelbar bei Nicht-Muttersprachlern Anklang finden.

Die Anerkennung dieser Unterschiede in den Sprachen kann dazu beitragen, die Kluft zwischen englischen und deutschen Sprechern zu überbrücken. Es ist wichtig, im Hinterkopf zu behalten, dass das, was in einer Sprache als witzig empfunden wird, bei einer Übersetzung nicht immer den gleichen Effekt hat. Das Akzeptieren kultureller Feinheiten und die Anpassung der Erwartungen können zu einer angenehmeren und inklusiveren Kommunikationserfahrung beitragen.

Daher kann das Bewusstsein für diese sprachlichen Eigenschaften und die Anpassung unserer Herangehensweise an den Humor dabei helfen, ein besseres Verständnis zu fördern und Verbindungen zu schaffen, die sprachliche Barrieren überwinden.

Get in Touch

To arrange a visit to a lodge, reaching out to a Free-mason is the best approach. The lodge secretary serves as the ideal point of contact for inquiries and visitation requests. They are responsible for managing the administrative aspects of the lodge and can provide you with the necessary infor-mation.

If you already have a connection with a Freemason who is a member of the lodge you wish to visit, don't hesitate to reach out to them. They can guide you through the process and help facilitate your visit. Freemasons are known for their warmth and hospitality, so don't hesitate to ask for assistance.

When contacting the secretary or a fellow Freemason, it's helpful to express your interest in visiting the lodge and inquire about the next lodge meeting or event. They can provide you with details such as the date, time, and location of the gathering. It's essential to be respectful of their time and availability, as they may have other commitments.

By initiating contact and expressing your interest, you'll be taking the first step toward experiencing the brotherly and unique atmosphere of a Freemason lodge. Remember to be courteous, patient, and open-minded during the process, as it may involve certain protocols and procedures.

Whether you're a curious individual interested in learning more about Freemasonry or seeking to connect with a specific lodge, getting in touch with the secretary or a fellow Freemason is the key to making your visit a reality. Reach out, ask questions, and embrace the opportunity to experience the welcoming world of Freemasonry.

Kontakt aufnehmen:

Um eine Loge zu besuchen, wende Dich an einen Freimaurer. Der Logensekretär ist immer der perfekte Ansprechpartner, und wenn Du bereits mit einem Bruder der Loge in Kontakt stehst, kannst Du ihn nach dem nächsten Logentreffen fragen.

Um einen Besuch in einer Loge zu arrangieren, ist es am besten, sich an einen Freimaurer zu wenden.

Der Logensekretär ist der ideale Ansprechpartner für Anfragen und Besuchsersuchen.

Er ist für die Verwaltung der administrativen Aspekte der Loge zuständig und kann Dir die benötigten Informationen geben.

Wenn Du bereits eine Verbindung zu einem Freimaurer hast, der Mitglied in der Loge ist, die Du besuchen möchtest, zögere nicht, dich an ihn zu wenden. Er kann Dich durch den Prozess führen und Ihnen bei Deinem Besuch behilflich sein. Freimaurer sind für ihre Herzlichkeit und Gastfreundschaft bekannt, daher zögere nicht, um Unterstützung zu bitten.

Bei der Kontaktaufnahme mit dem Sekretär oder einem anderen Freimaurer ist es hilfreich, Dein Interesse an einem Besuch der Loge zum Ausdruck zu bringen und nach dem nächsten Logentreffen oder -ereignis zu fragen. Sie können Dir Details wie Datum, Uhrzeit und Ort der Veranstaltung mitteilen. Es ist wichtig, respektvoll gegenüber ihrer Zeit und Verfügbarkeit zu sein, da sie möglicherweise auch andere Verpflichtungen haben.

Indem Du den Kontakt initiierst und Dein Interesse bekundest, setzt Du den ersten Schritt, um die Brüderlichkeit und die einzigartige Atmosphäre einer Freimaurerloge zu erleben. Denke daran, höflich, geduldig und aufgeschlossen zu sein, da möglicherweise bestimmte Protokolle und Verfahren zu beachten sind.

Egal, ob Du neugierig bist und mehr über die Freimaurerei erfahren möchten oder eine Verbindung zu einer bestimmten Loge suchst, indem Du Kontakt mit dem Sekretär oder einem anderen Freimaurer Bruder aufnimmst, legst Du den Grundstein dafür, Deinen Besuch zu realisieren.

Trete in Kontakt, stelle Fragen und nutze die Gelegenheit, die einladende Welt der englisch sprachigen Freimaurerei kennenzulernen.

Arriving

When visiting a lodge, it's important to arrive at the lodgehouse early to allow yourself enough time to prepare and familiarize yourself with the surroundings. Arriving early not only shows respect for the lodge and its members but also gives you an opportunity to settle in and feel more comfortable.

Take your time to absorb the atmosphere and observe the surroundings. Pay attention to the symbols, artwork, and décor within the lodge.

Each element holds significance and contributes to the overall experience. Being aware of your surroundings will help you appreciate the depth and symbolism embedded within the lodge.

As you arrive, you'll have the chance to meet and greet the brethren. Take this opportunity to introduce yourself, exchange pleasantries, and establish connections. Freemasons are known for their warm hospitality and brotherly love, so don't hesitate to engage in friendly conversations and build camaraderie.

It's essential to approach the experience with a relaxed and open mindset. Avoid rushing or being hasty. Allow yourself time to soak in the atmosphere and engage in meaningful conversations. Remember that each lodge has its own unique customs and protocols, so being attentive and receptive will help you navigate the experience with ease.

By arriving early and taking your time to prepare and immerse yourself in the lodge's ambiance, you'll have a more enriching and fulfilling visit. Enjoy the moments of anticipation and connection as you embark on this journey into the world of Freemasonry.

Ankommen:

Wenn Du eine Loge besuchst, ist es wichtig, früh genug am Logenhaus anzukommen, um Dir genügend Zeit zu geben, Dich vorzubereiten und die Brüder kennenzulernen. Indem Du früh ankommst, zeigst Du Respekt gegenüber der Loge und ihren Mitgliedern und erhältst gleichzeitig die Möglichkeit, anzukommen und Dich wohlzufühlen.

Nimm Dir Zeit, um die Atmosphäre aufzunehmen und die Umgebung zu beobachten. Achte auf die Symbole, Kunstwerke und Dekorationen innerhalb der Loge. Jedes Element hat eine Bedeutung und trägt zum Gesamterlebnis bei. Indem Du Dir Deiner Umgebung bewusst bist, wirst Du die Tiefe und Symbolik, die in der Loge verankert sind, besser schätzen können.

Wenn Du ankommst, hast Du die Gelegenheit, die Brüder zu treffen und zu begrüßen. Nutze diese Gelegenheit, um Dich vorzustellen, Höflichkeiten auszutauschen und Verbindungen aufzubauen.

Freimaurer sind für ihre herzliche Gastfreundschaft und brüderliche Liebe bekannt, also zögere nicht, in freundliche Gespräche einzusteigen und Kameradschaft aufzubauen.

Es ist wichtig, die Erfahrung mit einer entspannten und offenen Einstellung anzugehen. Vermeide es, zu hetzen oder ungeduldig zu sein. Gib Dir Zeit, um die Atmosphäre aufzunehmen und Dich in bedeutsame Gespräche einzubinden. Denke daran, dass jede Loge ihre eigenen individuellen Bräuche und Protokolle hat. Indem Du aufmerksam und empfänglich bist, wirst Du die Erfahrung mühelos navigieren können.

Indem Du früh ankommst und Dir Zeit nimmst, um Dich vorzubereiten und in die Atmosphäre der Loge einzutauchen, wirst Du einen bereichernden und erfüllenden Besuch haben. Genieße die Momente der Vorfreude und Verbindung, während Du diese Reise in die Welt der Freimaurerei antrittst.

Ritualistic setup and differences to AF&AM

For non-Masons reading this, rest assured that there will be no spoilers ahead! However, if you are a member of an Ancient Free and Accepted Masons (AF&AM) lodge, you will notice some similarities and differences in the ritualistic setup of the Emulation Ritual.

At the beginning of the visit, it may resemble a lodge of instruction in your AF&AM ritual. This means that you can take your place in the lodge according to your degree and be inside the temple before the ritual begins. You can wear all your typical regalia and utilize the signs that you are already familiar with.

However, as the ritual progresses, you may start to notice some variations and differences in the specific rituals and symbols used. Each Masonic jurisdiction, including AF&AM lodges and others, may have their own unique rituals and customs.

These differences contribute to the rich diversity within Freemasonry and highlight the regional or jurisdictional distinctions.

As a Mason visiting another lodge, it's an opportunity to observe and appreciate these differences in rituals and gain a broader understanding of the Masonic traditions. It's also a chance to engage in discussions with the brethren and learn from their experiences.

Remember, the beauty of Freemasonry lies in its universal principles and shared values that transcend individual rituals and variations. Regardless of the specific rituals practiced, the core principles of brotherly love, relief, and truth remain constant.

So, as you embark on your visit to a lodge, be open-minded and embrace the opportunity to witness and learn from the unique rituals and practices of the Freemasons you encounter. It's a chance to broaden your knowledge and deepen your appreciation for the rich tapestry of Freemasonry worldwide.

Unterschiede und Ablauf im Ritual zu AF&AM:

Für Nicht-Freimaurer, die dies lesen, sei versichert, dass keine Spoiler folgen! Wenn Du Mitglied einer Großloge der Alten Freien & Angenommenen Maurer (AF&AM) bist, wirst Du feststellen, dass der rituelle Ablauf anfangs einer Instruktionsloge in Deinem Ritual ähnelt. Du kannst Deinen Platz in der Loge entsprechend Deines Grades einnehmen und Dich vor Beginn des Rituals im Tempel aufhalten. Du kannst Deine Regalia tragen und die Zeichen verwenden, mit denen Du bereits vertraut bist.

Im weiteren Verlauf des Rituals wirst Du jedoch einige Unterschiede und Abweichungen in den spezifischen Ritualen und Symbolen des Emulation Rituals bemerken. Jede freimaurerische Jurisdiktion, einschließlich der AF&AM-Logen und anderer, hat ihre eigenen einzigartigen Rituale und Bräuche. Diese Unterschiede tragen zur Vielfalt innerhalb der Freimaurerei bei und verdeutlichen regionale oder jurisdiktionale Besonderheiten.

Als Besucher einer Loge hast Du die Möglichkeit, diese Unterschiede in den Ritualen zu beobachten und zu schätzen und ein umfassenderes Verständnis für die freimaurerischen Traditionen zu gewinnen. Es ist auch eine Gelegenheit, sich mit den Brüdern auszutauschen und von ihren Erfahrungen zu lernen.

Denke daran, dass die Schönheit der Freimaurerei in ihren universellen Prinzipien und gemeinsamen Werten liegt, die über individuelle Rituale und Variationen hinausgehen. Unabhängig von den spezifischen Ritualen bleibt die Grundlage der Bruderliebe, der Hilfeleistung und der Wahrhaftigkeit konstant.

Wenn Du also Deinen Besuch in einer Loge antrittst, sei aufgeschlossen und nutze die Gelegenheit, die einzigartigen Rituale und Praktiken der englischsprachigen Freimaurer, denen Du begegnest, zu beobachten und zu lernen. Es ist eine Möglichkeit, Dein Wissen zu erweitern und Dein Verständnis für das reiche Geflecht der Freimaurerei weltweit zu vertiefen.

How to behave in the Templeand during Ritual

When you are inside the temple and participating in the ritual, it is important to conduct yourself with respect and reverence. Here are some guidelines to follow:

1. Attire: You can wear your typical regalia as you would in your own lodge. This includes your apron, collar, jewels, and other ceremonial items. It is customary to dress neatly and appropriately for the occasion.

2. Observance: Pay close attention to the proceedings and follow the cues from the Worshipful Master or the presiding officer. Be attentive and respectful during the ritual, as it is a solemn and meaningful experience for all present.
3. Silence: Maintain an atmosphere of quietude and avoid unnecessary conversation or distractions during the ritual. This helps create a conducive environment for the ceremonial work and allows everyone to fully engage in the experience.
4. Participation: As a visitor, it is important to be aware of your role during the ritual. Follow the lead of the brethren and participate as appropriate. If you are uncertain about any specific actions or responses, you can discreetly observe others for guidance.
5. Familiarity with Signs: You are welcome to use the signs and gestures that you are familiar with from your own lodge. However, it is advisable to be mindful of any differences in local customs or variations in the ritual. Respectfully adapt as needed to align with the practices of the lodge you are visiting.

6. Reverence for Symbols: Show respect for the symbols and artifacts within the temple. These hold deep significance for Freemasons and should be treated with reverence. Avoid touching or handling any items unless invited or instructed to do so.
7. Conduct: Behave in a manner that reflects the principles of Freemasonry, such as integrity, kindness, and brotherly love. Treat fellow brethren and visitors with courtesy and consideration. Be mindful of your actions and words, ensuring they align with the values of Freemasonry.

By adhering to these guidelines, you will contribute to the harmonious and respectful atmosphere within the temple. Remember, every lodge may have its own unique customs and practices, so it's important to be adaptable and respectful of the specific rituals observed in the lodge you are visiting.

Verhalten im Tempel und während des Rituals:

Wenn Du Dich im Tempel befindest und am Ritual teilnimmst, ist es wichtig, Dich respektvoll und ehrfürchtig zu verhalten. Hier sind einige Richtlinien, denen Du folgen kannst:

1. Kleidung: Du kannst Deine typischen Regalia tragen, wie Du es auch in Deiner eigenen Loge tun würdest. Dazu gehören Dein Schurz, Abzeichen, Bijou und andere zeremonielle Gegenstände. Es ist üblich, sich für den Anlass ordentlich und angemessen zu kleiden.

2. Aufmerksamkeit: Achte genau auf den Ablauf und folge den Anweisungen des ehrwürdigen Meisters oder des leitenden Amtsträgers. Sei aufmerksam und respektvoll während des Rituals, da es eine feierliche und bedeutsame Erfahrung für alle Anwesenden ist.

3. Stille: Halte eine Atmosphäre der Stille aufrecht und vermeide unnötige Gespräche oder Ablenkungen während des Rituals. Dies trägt dazu bei, eine förderliche Umgebung für die Zeremonie zu schaffen und ermöglicht es allen, sich vollständig auf die Erfahrung einzulassen.

4. Teilnahme: Als Besucher ist es wichtig, sich seiner Rolle während des Rituals bewusst zu sein. Folge dem Beispiel der Brüder und beteilige Dich angemessen. Wenn Du unsicher bist, wie Du auf bestimmte Handlungen oder Antworten reagieren sollst, kannst Du diskret andere beobachten, um Anleitung zu erhalten.

5. Vertrautheit mit Zeichen: Du kannst die Zeichen und Gesten verwenden, mit denen Du aus Deiner eigenen Loge vertraut bist. Es ist jedoch ratsam, auf mögliche Unterschiede in den örtlichen Bräuchen oder Variationen im Ritual zu achten. Passe Dich respektvoll an die Praktiken der besuchten Loge an, wenn nötig.

6. Ehrfurcht vor Symbolen: Zeige Respekt vor den Symbolen und Artefakten im Tempel. Diese haben eine tiefe Bedeutung für Freimaurer und sollten mit Ehrfurcht behandelt werden. Vermeide es, Gegenstände anzufassen oder zu berühren, es sei denn, Du wirst dazu eingeladen oder aufgefordert.
7. Verhalten: Verhalte Dich so, dass es die Prinzipien der Freimaurerei widerspiegelt, wie Integrität, Freundlichkeit und brüderliche Liebe. Behandle die Brüder und Besucher mit Höflichkeit und Rücksichtnahme. Sei achtsam in Deinen Handlungen und Worten und stelle sicher, dass sie mit den Werten der Freimaurerei übereinstimmen.

Indem Du diesen Richtlinien folgst, trägst Du zu einer harmonischen und respektvollen Atmosphäre im Tempel bei. Denke daran, dass jede Loge ihre eigenen individuellen Bräuche und Praktiken haben kann, daher ist es wichtig, anpassungsfähig zu sein und respektvoll mit den spezifischen Ritualen umzugehen, die in der besuchten Loge praktiziert werden.

The Festive Board

After the lodge meeting concludes, Freemasons often gather for a social and convivial gathering known as the Festive Board. This is a time for brethren to come together, share a meal, and engage in friendly conversation.

The Festive Board is an opportunity to strengthen the bonds of brotherhood and further cultivate the sense of camaraderie among Freemasons. It allows for informal discussions, storytelling, and the sharing of experiences. It is a time to relax, enjoy good food and drink, and celebrate the fellowship that Freemasonry offers.

During the Festive Board, it is customary to observe certain traditions and etiquettes:

1. Toasts: The Festive Board is marked by a series of toasts, which are a way to honor and pay tribute to various individuals and principles. These toasts may include toasts to the Grand Master, the Worshipful Master, visiting brethren, absent brethren, and other significant figures or ideals.
2. Masonic Etiquette: While the atmosphere is more relaxed during the Festive Board, it is important to maintain a sense of decorum and respect. Address brethren by their Masonic titles or as "Brother" followed by their name. Practice good table manners and engage in polite and courteous conversation.

3. Harmony and Unity: The Festive Board is a time to set aside differences and come together in unity. It is an opportunity to foster a sense of harmony and goodwill among brethren, regardless of any external factors.
4. Masonic Toasts and Songs: Masonic toasts and songs are often part of the Festive Board. These traditions add a special touch to the gathering, allowing brethren to express their loyalty, admiration, and appreciation for the fraternity.

Remember, the Festive Board is an extension of the Masonic experience and should be enjoyed responsibly and in accordance with the values of Freemasonry. It is a time to forge lasting friendships, share laughter, and create cherished memories.

So, when you attend a Festive Board, embrace the camaraderie, participate in the toasts, and engage in meaningful conversations. Enjoy the company of your fellow brethren and savor the spirit of fellowship that permeates these gatherings.

Das Festive Board:

Nachdem die Logensitzung beendet ist, versammeln sich Freimaurer oft zu einem geselligen Beisammensein, das als Festive Board bekannt ist. Dies ist eine Zeit, in der Brüder zusammenkommen, eine Mahlzeit teilen und sich in freundlichen Gesprächen austauschen.

Das Festive Board bietet den Brüdern die Möglichkeit, die Bande der Bruderliebe zu stärken und das Gefühl der Kameradschaft unter den Freimaurern weiter zu vertiefen. Es ermöglicht informelle Diskussionen, Geschichtenerzählen und den Austausch von Erfahrungen. Es ist eine Zeit zum Entspannen, gutes Essen und Trinken zu genießen und die Gemeinschaft zu feiern, die die Freimaurerei bietet.

Während des Festive Board ist es üblich, bestimmte Traditionen und Etiketten zu beachten:

1. Toasts: Das Festive Board wird durch eine Reihe von Toasts gekennzeichnet, mit denen verschiedene Personen und Prinzipien geehrt werden.

Zu den Toasts können der Großmeister, der ehrwürdige Meister, besuchende Brüder, abwesende Brüder und andere bedeutende Persönlichkeiten oder Ideale gehören.

2. Freimaurerisches Verhalten: Obwohl die Atmosphäre während des Festive Board entspannter ist, ist es wichtig, einen angemessenen Umgangston und Respekt zu wahren. Wende Dich an die Brüder mit ihren freimaurerischen Titeln oder mit "Bruder" gefolgt von ihrem Namen. Beachte gute Tischmanieren und führe höfliche und respektvolle Gespräche.

3. Harmonie und Einheit: Das Festive Board ist eine Zeit, um Unterschiede beiseite zu legen und in Einheit zusammenzukommen. Es bietet die Gelegenheit, ein Gefühl der Harmonie und des Wohlwollens unter den Brüdern zu fördern, unabhängig von äußeren Faktoren.

4. Freimaurerische Toasts und Lieder: Freimaurerische Toasts und Lieder sind oft Teil des Festive Board. Diese Traditionen verleihen dem Treffen eine besondere Note und ermöglichen es den Brüdern, ihre Loyalität, Bewunderung und Wertschätzung für die Bruderschaft auszudrücken.

Denke daran, dass das Festive Board eine Erweiterung des freimaurerischen Erlebnisses ist und verantwortungsbewusst und im Einklang mit den Werten der Freimaurerei genossen werden sollte. Es ist eine Zeit, um dauerhafte Freundschaften zu schmieden, gemeinsam zu lachen und unvergessliche Erinnerungen zu schaffen.

Wenn Du also an einem Festive Board teilnimmst, genieße die Kameradschaft, beteilige Dich an den Toasts und führe bedeutungsvolle Gespräche. Freue Dich an der Gesellschaft Deiner Brüder und genieße den Geist der Gemeinschaft, der diese Zusammenkünfte durchdringt.

Speaches and Greatings, how to address

During the Festive Board, speeches and greetings are an integral part of the proceedings. Here are some guidelines on how to address individuals:

1. Worshipful Master: The Worshipful Master is the presiding officer of the lodge. When addressing the Worshipful Master, you can use the title "Worshipful Master".

2. Officers and Brethren: When addressing other officers or brethren, you can use the title f. For example, "Senior Warden" or "Brother Senior Warden." If you are on familiar terms with someone, you can also address them by their first name preceded by "Brother." For example, "Brother John."
3. Visitors: When greeting or addressing visitors from other lodges, it is respectful to acknowledge their lodge and title. Use the title "Brother" followed by their name and the name of their lodge. For example, "Brother Thomas from St. James Lodge." If you are unsure of their lodge or title, you can ask them politely for the information.
4. Toasts: When proposing a toast, it is customary to address the person or principle being toasted with their appropriate title. For example, when toasting the Grand Master, you can say, "To the Most Worshipful Grand Master." Similarly, when toasting the Worshipful Master, you can say, "To the Worshipful Master of this lodge."

Remember, addressing individuals with respect and using the appropriate titles contributes to the formal and dignified atmosphere of the Festive Board. If you are unsure about how to address someone, it is always better to ask politely for clarification rather than making assumptions.

Additionally, it is important to listen attentively during speeches and to respond with appropriate applause or acknowledgments. Engage in conversation with your fellow brethren, showing interest and respect for their contributions and perspectives.

By following these guidelines, you will contribute to the harmonious and respectful atmosphere of the Festive Board, fostering a sense of unity and camaraderie among Freemasons.

Reden und Begrüßungen, wie man anspricht:

Während des Festive Board sind Reden und Begrüßungen ein wesentlicher Bestandteil der Veranstaltung. Hier sind einige Richtlinien, wie man Personen anspricht:

Worshipful Master: Der Worshipful Master (Ehrwürdiger Meister) ist der Vorsitzende der Loge. Wenn Du den Worshipful Master ansprichst, kannst Du den Titel " Worshipful Master" verwenden.

Ämter und Brüder: Wenn Du andere Amtsträger oder Brüder ansprichst, kannst Du Zum Beispiel "Bruder 1. Aufseher ". Wenn Du mit jemandem auf vertrautem Fuße bist, kannst Du sie auch mit ihrem Vornamen ansprechen, vorangestellt von "Bruder". Zum Beispiel "Bruder Peter".

Besucher: Wenn Du Besucher aus anderen Logen begrüßt oder ansprichst, ist es respektvoll, ihre Loge und ihren Titel anzuerkennen. Verwende den Titel "Bruder" gefolgt von ihrem Namen und dem Namen ihrer Loge.

Zum Beispiel "Bruder Thomas von der Loge St. James". Wenn Du unsicher über ihre Loge oder ihren Titel bist, kannst Du höflich nachfragen.

Toasts: Wenn Du einen Toast aussprichst, ist es üblich, die Person oder das Anzustoßen, auf das angestoßen wird, mit dem entsprechenden Titel anzusprechen. Zum Beispiel kannst Du bei einem Toast auf den Worshipful Master sagen: "Auf den Worshipful Master dieser Loge".

Denke daran, Personen respektvoll anzusprechen und die entsprechenden Titel zu verwenden. Dies trägt zur formellen und würdevollen Atmosphäre des Festive Board bei.

Wenn Du unsicher bist, wie Du jemanden ansprechen sollst, ist es immer besser, höflich um Klarstellung zu bitten, anstatt Annahmen zu machen.

Außerdem ist es wichtig, aufmerksam zuzuhören während der Reden und angemessen mit Applaus oder Zustimmung zu reagieren. Engagiere Dich in Gesprächen mit Deinen Brüdern und zeige Interesse und Respekt für ihre Beiträge und Perspektiven.

Indem Du diesen Richtlinien folgst, trägst Du zur harmonischen und respektvollen Atmosphäre des Festmahls bei und förderst ein Gefühl der Einheit und Kameradschaft unter den Freimaurern.

This and That

During the Festive Board, you may come across various traditions, customs, and discussions. It is a time to engage in conversations, share experiences, and learn from one another. Here are some points to keep in mind:

1. Respect and Open-mindedness: Show respect for the opinions and beliefs of your fellow brethren. Listen attentively and engage in meaningful discussions.

2. Be open-minded and consider different perspectives. Remember, diversity of thought and experiences is one of the strengths of Freemasonry.
3. Masonic Knowledge: The Festive Board is an excellent opportunity to expand your Masonic knowledge. Engage in conversations about Masonic history, symbolism, and teachings. Share your own insights and experiences, and be receptive to learning from others. The Festive Board can be a valuable learning environment.
4. Brotherhood and Fellowship: The Festive Board is a time to strengthen the bonds of brotherhood and fellowship. Take the opportunity to connect with your fellow brethren on a personal level. Share stories, experiences, and laughs. Forge meaningful connections that go beyond the confines of the lodge.

5. Social Etiquette: While the Festive Board is a more relaxed setting, it is important to maintain appropriate social etiquette. Treat others with kindness, courtesy, and respect. Be mindful of your actions and words, ensuring they align with the values of Freemasonry. Create an atmosphere of camaraderie and harmony.

6. Enjoyment and Celebration: Above all, enjoy the Festive Board and celebrate the joy of being part of the Masonic fraternity. Cherish the moments shared with your brethren, the laughter, and the sense of belonging. Embrace the spirit of fellowship and camaraderie that permeates these gatherings.

Remember, the Festive Board is a time to come together, share, and celebrate the unique bonds of Freemasonry. Embrace the opportunities it presents, and let it deepen your understanding and appreciation of the craft.

Dies und Das:

Während des Festive Board kannst Du auf verschiedene Traditionen, Bräuche und Diskussionen stoßen. Es ist eine Zeit, um sich in Gesprächen zu engagieren, Erfahrungen auszutauschen und voneinander zu lernen. Hier sind einige Punkte, die Du beachten solltest:

1. Respekt und Offenheit: Zeige Respekt für die Meinungen und Überzeugungen Deiner Brüder. Höre aufmerksam zu und beteilige Dich an bedeutungsvollen Diskussionen. Sei aufgeschlossen und betrachte verschiedene Perspektiven. Bedenke, dass Vielfalt des Denkens und der Erfahrungen eine Stärke der Freimaurerei ist.

2. Freimaurerisches Wissen: Das Festive Board bietet eine ausgezeichnete Gelegenheit, Dein freimaurerisches Wissen zu erweitern. Tauche in Gespräche über freimaurerische Geschichte, Symbolik und Lehren ein. Teile Deine eigenen Erkenntnisse und Erfahrungen und sei offen dafür, von anderen zu lernen. Das Festmahl kann eine wertvolle Lernumgebung sein.

3. Bruderschaft und Kameradschaft: Das Festive Board ist eine Zeit, um die Bande der Bruderschaft und Kameradschaft zu stärken. Nutze die Gelegenheit, eine persönliche Verbindung zu Deinen Brüdern herzustellen. Teile Geschichten, Erfahrungen und lache gemeinsam. Schmiede bedeutsame Verbindungen, die über die Grenzen der Loge hinausgehen.

4. Soziales Verhalten: Obwohl das Festive Board eine entspanntere Atmosphäre bietet, ist es wichtig, angemessenes soziales Verhalten zu wahren. Behandle andere mit Freundlichkeit, Höflichkeit und Respekt. Sei achtsam in Deinem Handeln und Deinen Worten und stelle sicher, dass sie mit den Werten der Freimaurerei übereinstimmen. Schaffe eine Atmosphäre der Kameradschaft und Harmonie.

5. Genuss und Feier: Vor allem genieße das Festive Board und feiere die Freude, Teil der freimaurerischen Bruderschaft zu sein. Schätze die Momente, die Du mit Deinen Brüdern teilst, das Lachen und das Gefühl der Zugehörigkeit. Ergreife den Geist der Kameradschaft und Kameradschaft, der diese Zusammenkünfte durchdringt.

Denke daran, dass das Festive Board eine Zeit ist, um zusammenzukommen, zu teilen und die einzigartigen Bindungen der Freimaurerei zu feiern. Nutze die sich bietenden Möglichkeiten und lasse sie Dein Verständnis und Deine Wertschätzung für die Bruderschaft vertiefen.

Closing Words:

As we come to the end of this guide, I hope it has provided you with valuable insights and information for visiting English-speaking lodges in Germany. Freemasonry is a rich and diverse tradition, fostering brotherhood, personal growth, and a commitment to moral values.

Remember, when visiting a lodge, approach it with an open mind, a willingness to learn, and a genuine desire to connect with your fellow brethren. Embrace the customs, rituals, and traditions while respecting the unique culture of each lodge.

May your visits to lodges be filled with warmth, friendship, and enriching experiences. May you forge lasting bonds with brethren from different corners of the world and continue to contribute to the rich tapestry of Freemasonry.

Above all, cherish the journey of exploration and self-discovery that Freemasonry offers. Embrace the teachings, seek knowledge, and strive to embody the virtues and values of the craft in your daily life.

Thank you for embarking on this journey with me. May your path as a visitor to English-speaking lodges in Germany be filled with joy, enlightenment, and meaningful connections.

Fraternal greetings,

Abschließende Worte:

Wir nähern uns dem Ende dieses Leitfadens und ich hoffe, dass er Dir wertvolle Einblicke und Informationen für den Besuch englischsprachiger Logen in Deutschland gegeben hat. Die Freimaurerei ist eine reiche und vielfältige Tradition, die Brüderlichkeit, persönliches Wachstum und das Bekenntnis zu moralischen Werten fördert.

Denke daran, wenn Du eine Loge besuchst, gehe mit Offenheit, dem Willen zu lernen und dem echten Wunsch, Dich mit Deinen Mitbrüdern zu verbinden, auf sie zu. Nimm die Bräuche, Rituale und Traditionen an und respektiere dabei die einzigartige Kultur jeder Loge.

Mögen Deine Besuche in den Logen von Wärme, Freundschaft und bereichernden Erfahrungen erfüllt sein. Mögest Du dauerhafte Bindungen mit Brüdern aus verschiedenen Teilen der Welt schmieden und weiterhin zur reichen Vielfalt der Freimaurerei beitragen.

Vor allem schätze die Reise der Erkundung und Selbstentdeckung, die die Freimaurerei bietet. Verinnerliche die Lehren, strebe nach Wissen und bemühe Dich, die Tugenden und Werte der Loge in Deinem täglichen Leben zu verkörpern.

Danke, dass Du diese Reise mit mir unternommen hast. Möge Dein Weg als Besucher englischsprachiger Logen in Deutschland von Freude, Erleuchtung und bedeutungsvollen Verbindungen geprägt sein.

Brüderliche Grüße,